Les 50 Personnages les Plus Influentes de l'Histoire:

La Vie et l'Héritage des Personnages qui ont Façonné le Monde

Arthur William Gertz

"La pensée est le pouvoir le plus puissant qui existe dans l'univers ; elle est la source de toutes les grandes actions, et les grandes actions sont la source de toutes les grandes réalisations." - **Swami Vivekananda**

Contenu

<u>*Christophe* **Colomb**</u>

Avant-propos

Dans ce voyage captivant à travers l'histoire, je t'invite à plonger dans la vie et l'héritage des 50 Personnalités Historiques qui ont Transformé le Monde. Prépare-toi à être captivé, inspiré et impressionné par les figures les plus influentes de tous les temps.

Des visionnaires révolutionnaires aux leaders infatigables, des esprits scientifiques brillants aux artistes novateurs, cette collection te transportera à travers les siècles et les continents, révélant les histoires fascinantes de ceux qui ont défié les conventions et laissé une empreinte indélébile dans l'histoire de l'humanité. En explorant leur vie, tu découvriras les passions et les sacrifices qui les ont poussés à avancer, surmontant des obstacles apparemment insurmontables dans leur quête d'un monde meilleur.

Leurs réalisations transcendent les époques et les cultures, couvrant des domaines aussi divers que la science, l'art, la politique, la philosophie et bien d'autres encore.

Au fil des pages, tu découvriras comment ces hommes et ces femmes extraordinaires ont remis en question les normes établies, affronté l'adversité et déclenché une cascade de transformations dans leurs domaines respectifs. Leur héritage nous inspire tous à regarder au-delà du possible, à poursuivre nos rêves avec passion et à lutter pour un monde plus juste et équitable.

Introduction

Dans ce livre intitulé "Les 50 personnes qui ont changé le monde", nous entreprenons un voyage passionnant à travers l'histoire pour découvrir l'impact de certaines des personnalités les plus influentes de tous les temps. Au fil des pages, nous explorons la vie et la contribution de visionnaires dont l'héritage a laissé une marque indélébile sur notre société.

Il est essentiel de reconnaître l'importance de mettre en lumière les contributions individuelles à l'histoire. Nous avons souvent tendance à nous concentrer sur les événements et les mouvements collectifs, en oubliant que ce sont les actions et les idées d'individus courageux qui sont les véritables moteurs du changement. Ces 50 personnages incarnent ce courage et cette détermination, remettant en cause les normes établies, brisant les barrières et transformant le monde dans lequel nous vivons encore aujourd'hui.

En explorant leur vie, nous découvrirons comment chacun d'entre eux a surmonté des obstacles insurmontables, qu'ils soient scientifiques, politiques, sociaux ou culturels. Leurs réalisations ont transcendé les limites de leur époque et continuent d'inspirer les générations suivantes. Grâce à leur ingéniosité, leur passion et leur dévouement, ces personnes célèbres sont devenues de véritables agents du changement, favorisant le progrès et laissant un héritage durable.

Jésus de Nazareth

Jésus de Nazareth est une figure centrale de l'histoire mondiale et le fondement du christianisme. Il est considéré par les grands et les petits comme l'homme le plus influent de tous les temps.

Contexte historique et biographie :

Jésus de Nazareth est né vers l'an 4 avant Jésus-Christ dans la région de Judée, qui faisait partie de l'Empire romain. La plupart des détails de sa vie proviennent des évangiles du Nouveau Testament de la Bible, rédigés par ses disciples, et d'autres écrits historiques de l'époque. Jésus a grandi dans une famille juive et a vécu dans une société influencée à la fois par la religion juive et par l'occupation romaine.

Influences et expériences clés dans sa vie :

Jésus a été profondément influencé par la tradition religieuse juive et on pense qu'il a étudié les Écritures et les enseignements des prophètes dès son enfance. À l'âge de trente ans, il a commencé son ministère public, prêchant un message d'amour, de pardon, de justice et de salut dans tout Israël. Jésus avait des disciples dévoués et accomplissait de nombreux miracles, notamment en guérissant les malades et en ressuscitant les morts.

Contributions et réalisations qui ont eu un impact sur le monde :

La principale contribution de Jésus a été la fondation du christianisme, l'une des religions les plus influentes de l'histoire de l'humanité. Ses enseignements, tels que l'amour du prochain, le pardon et la promesse de la vie éternelle, ont eu un impact durable sur la morale et l'éthique occidentales. Jésus a également instauré les sacrements chrétiens, tels que le baptême et l'eucharistie, qui restent aujourd'hui au cœur de la pratique religieuse chrétienne.

Héritage et impact durable :

L'héritage de Jésus a transcendé les siècles et continue d'avoir un impact significatif sur la civilisation occidentale et de nombreuses régions du monde. Le christianisme est devenu l'une des religions les plus répandues et les plus pratiquées au monde. Ses enseignements sur l'amour, la compassion et l'égalité ont inspiré d'innombrables personnes tout au long de l'histoire et ont été au cœur de la lutte pour la justice sociale et les droits de l'homme. En outre, la figure de Jésus a fait l'objet d'un culte, d'une étude théologique et d'une représentation artistique sous diverses formes au cours des siècles.

Il est important de garder à l'esprit qu'au-delà des croyances religieuses, Jésus de Nazareth a eu un impact culturel, philosophique et éthique profond sur l'humanité, et que sa figure continue à faire l'objet de réflexions et de débats aujourd'hui.

Le christianisme est l'une des plus grandes religions du monde et compte un grand nombre d'adeptes de différentes confessions. Dans les lignes qui suivent, je donnerai une estimation approximative du nombre total d'adeptes du christianisme, en tenant compte des catholiques et des protestants :

Catholicisme : Selon les statistiques les plus récentes, l'Église catholique est la plus grande confession chrétienne avec environ 1,4 milliard d'adeptes dans le monde.

Protestantisme : le protestantisme englobe une grande variété de dénominations, dont les luthériens, les baptistes, les méthodistes, les presbytériens, les pentecôtistes et d'autres. Ces dénominations protestantes comptent ensemble environ 800 millions d'adeptes qui, en fin de compte, ont un amour profond pour la figure de Jésus de Nazareth.

En résumé, si l'on additionne les adeptes catholiques et protestants, on estime que le christianisme compte environ 2,5 milliards d'adeptes dans le monde. En outre, on estime qu'au cours de l'histoire, deux autres milliards d'adeptes de ses enseignements seraient morts. Pour toutes ces raisons et bien d'autres encore, Jésus est le personnage historique le plus influent de l'histoire.

Muhammad

Muhammad, dont le nom complet est Muhammad Ibn Abd Allah, est né vers 570 à La Mecque, dans la région de l'actuelle Arabie saoudite. Il est considéré comme le dernier et principal prophète de l'islam. Muhammad a reçu des révélations divines par l'intermédiaire de l'ange Gabriel, qui ont ensuite été compilées dans le Coran, le livre saint de l'islam. Sa vie et ses enseignements ont donné naissance à la religion islamique et, par la suite, à ses nombreuses ramifications.

Les épouses et la vie intime :

Mahomet a eu plusieurs épouses au cours de sa vie. On estime qu'il a épousé entre 11 et 13 femmes, mais le nombre exact varie selon les sources historiques. Aïcha, l'une de ses épouses, a joué un rôle important dans la transmission des hadiths (récits des paroles et des actes de Mahomet) et est considérée comme une figure éminente de l'islam.

Faits amusants et expériences marquantes de sa vie :

Au cours de sa vie, Muhammad a été confronté à divers défis et persécutions en raison de sa prédication et de son appel à adorer un seul Dieu, l'islam. En 622, Muhammad et ses disciples émigrèrent de La Mecque à Médine, un événement connu sous le nom d'Hégire. Cet événement marque le début du calendrier islamique et le renforcement de la communauté musulmane.

Contributions et réalisations qui ont eu un impact sur le monde :

Muhammad a jeté les bases de l'islam, l'une des religions les plus répandues au monde, qui compte aujourd'hui des milliards d'adeptes. Ses enseignements couvrent les aspects religieux, éthiques et juridiques et ont eu un impact profond sur la culture, la société et la politique dans de nombreuses régions.

Héritage et impact durable :

L'héritage de Mahomet revêt une grande importance pour les musulmans, qui le considèrent comme le dernier et le plus important des prophètes envoyés par Dieu. Son enseignement et son exemple sont fondamentaux pour la pratique de l'islam. En outre, la propagation de l'islam sous sa direction a eu un impact significatif sur l'histoire du monde, influençant les aspects politiques, sociaux et culturels dans diverses régions.

La religion de l'islam, fondée par Mahomet au VIIe siècle après J.-C., compte actuellement environ 1,8 milliard d'adeptes dans le monde. C'est l'une des religions les plus répandues et elle compte un nombre important d'adeptes dans plusieurs pays et régions du monde, en particulier au Moyen-Orient, en Afrique du Nord, en Asie du Sud-Est et dans certaines parties de l'Europe.

Tout au long de son histoire, l'islam a connu une croissance régulière et des périodes d'expansion significative. Depuis sa fondation jusqu'à aujourd'hui, on estime qu'il a compté plus de 4 milliards d'adeptes. Son impact a donc été considérable dans l'histoire du monde. C'est pourquoi Muhammad est la deuxième personne la plus influente de l'histoire.

Gautama Buddha

Gautama, également connu sous le nom de Bouddha, est le fondateur du bouddhisme et l'une des figures les plus influentes de l'histoire de l'humanité.

Contexte historique et biographie :

Gautama Bouddha a vécu au VIe siècle avant J.-C. dans la région nord-est de l'Inde, dans ce qui est aujourd'hui le Népal. Il est né dans une famille noble et a mené une vie confortable et privilégiée dans sa jeunesse. Cependant, à l'âge de 29 ans, il a abandonné sa vie de richesse et de luxe pour se lancer dans une quête spirituelle à la recherche de la vérité et de la libération de la souffrance humaine.

Vie intime et faits amusants :

Gautama Bouddha a abandonné sa vie de famille et renoncé à ses responsabilités de mari et de père dans sa quête spirituelle. Il a passé plusieurs années à pratiquer l'austérité et la méditation, à la recherche de l'illumination. C'est au cours de cette période qu'il aurait atteint l'état de Bouddha, qui signifie "l'éveillé".

Influences et expériences clés dans sa vie :

La principale influence sur la vie du Bouddha a été sa rencontre avec la souffrance humaine et son désir de trouver une solution pour la soulager. Son expérience de témoin de la souffrance, de la maladie et de la mort a éveillé en lui une profonde compassion et une recherche de la vérité au-delà des enseignements religieux et philosophiques conventionnels de son époque.

Contributions et réalisations qui ont eu un impact sur le monde :

Gautama Bouddha a fondé le bouddhisme, une tradition spirituelle et philosophique basée sur ses enseignements sur la souffrance humaine et le chemin de la libération et de l'illumination. Ses enseignements se concentrent sur le "Noble sentier octuple", qui comprend des pratiques telles que la compréhension juste, la pensée juste, l'action juste et la méditation.

Le Bouddha a transmis ses enseignements à un large éventail de personnes, des moines et des nonnes aux rois et aux mendiants. Son message de compassion, de sagesse et de libération de la souffrance a trouvé un écho profond auprès de ceux qui cherchaient une réponse aux défis de l'existence humaine.

Héritage et impact durable :

L'héritage du Bouddha est immense. Son enseignement du bouddhisme s'est répandu à travers les siècles et a influencé des millions de personnes dans le monde. Le bouddhisme a laissé une marque profonde sur la culture, la philosophie et la spiritualité mondiales.

L'accent mis par le Bouddha sur la compassion, la non-violence et la recherche de l'illumination intérieure a inspiré de nombreuses personnes et donné naissance à des mouvements sociaux et philosophiques fondés sur ses enseignements. En outre, le bouddhisme a influencé d'autres traditions spirituelles et encouragé le dialogue interreligieux ainsi que la recherche de la paix et de l'harmonie.

Diffusion mondiale : au fil des siècles, le bouddhisme a dépassé les frontières de l'Inde pour s'étendre à différentes régions d'Asie, notamment la Chine, le Japon, le Tibet, le Sri Lanka et le Viêt Nam. Aujourd'hui, il est également pratiqué dans diverses communautés en Occident.

L'accent mis sur la méditation : le Bouddha a mis l'accent sur la pratique de la méditation comme moyen de cultiver la pleine conscience et la compréhension profonde de l'esprit et de la réalité. L'importance qu'il accordait à la méditation a influencé de nombreuses traditions et approches contemporaines de la méditation.

La quête de l'éveil : L'idée centrale du bouddhisme est la quête de l'illumination ou de l'éveil spirituel. Le Bouddha a enseigné que chacun peut atteindre cet état en comprenant les quatre nobles vérités et en suivant le noble sentier octuple.

Éthique et moralité : Les enseignements du Bouddha soulignent également l'importance d'une vie éthique et morale. Le concept de "karma" et la compréhension des actions et de leurs conséquences sont fondamentaux dans le bouddhisme.

La philosophie de l'impermanence : le Bouddha a enseigné que tout dans la vie est transitoire et sujet au changement. Cette conception de l'impermanence a influencé la façon dont les gens perçoivent la réalité et la manière dont ils font face aux défis et aux changements dans leur vie.

En résumé, Gautama Bouddha était un chef spirituel dont les enseignements ont eu un impact profond sur la spiritualité, la philosophie et la culture mondiale. L'accent qu'il a mis sur la compassion, la sagesse et la libération de la souffrance a résonné à travers les siècles et continue d'inspirer des millions de personnes dans leur quête d'une vie pleine de sens et d'épanouissement. Avec environ 500 millions de personnes aujourd'hui, et environ 1 milliard de personnes décédées au cours de l'histoire, le Bouddha est la troisième personne la plus influente de l'histoire.

Albert Einstein

Albert Einstein est un physicien théoricien allemand d'origine juive, né le 14 mars 1879 à Ulm, en Allemagne. Ses travaux ont révolutionné notre compréhension du temps, de l'espace, de la gravité et de l'énergie, et il est considéré comme l'un des scientifiques les plus influents de l'histoire.

En ce qui concerne sa vie privée, Einstein s'est marié deux fois. Sa première femme était Mileva Marić, avec qui il a eu trois enfants, et sa seconde femme était Elsa Löwenthal. En ce qui concerne sa vie intime et les détails spécifiques de sa sexualité, aucun document détaillé n'est disponible, et Einstein a maintenu une stricte confidentialité sur ces questions.

Parmi les faits amusants concernant Einstein, citons sa passion pour le violon et son amour de la voile. On dit également qu'il avait les cheveux en désordre et on lui attribue souvent la phrase "L'imagination est plus importante que la connaissance".

Parmi les influences et les expériences clés de la vie d'Einstein, citons l'étude de la physique à l'université de Zurich, où il a obtenu son diplôme en 1900. Pendant son séjour à l'Office suisse des brevets, il a publié plusieurs articles scientifiques novateurs, dont le célèbre article sur la théorie de la relativité restreinte en 1905.

Les contributions et les réalisations d'Einstein qui ont eu un impact sur le monde sont nombreuses. Sa théorie de la relativité restreinte et sa célèbre équation $E = mc^2$ ont modifié notre compréhension de la relation entre l'énergie et la masse et ont jeté les bases du développement de la physique moderne. Sa théorie de la relativité générale, publiée en 1915, a fourni une nouvelle description de la gravité et prédit l'existence des trous noirs.

L'héritage et l'impact durable d'Einstein sont énormes. Ses idées et ses découvertes ont transformé notre compréhension de l'univers et ont eu des applications pratiques dans des domaines tels que la technologie des satellites, l'énergie nucléaire et la cosmologie. En outre, Einstein était un défenseur du pacifisme et s'est battu pour l'égalité et les droits civiques. Son influence va au-delà de la science, car il est un symbole de génie et de créativité qui inspire des générations de scientifiques et de penseurs.

Abraham Lincoln

Est le 16e président des États-Unis, né le 12 février 1809 à Hodgenville, dans le Kentucky. Son mandat présidentiel s'est déroulé pendant une période cruciale de l'histoire américaine : la guerre de Sécession (1861-1865) et l'abolition de l'esclavage.

En ce qui concerne sa vie privée, Lincoln a épousé Mary Todd en 1842 et ils ont eu quatre enfants ensemble. En ce qui concerne sa vie intime et les détails de sa sexualité, il n'existe aucun document indiquant que Lincoln ait eu des relations romantiques ou sexuelles avec des personnes du même sexe, bien qu'il y ait eu des spéculations et des théories à ce sujet.

Fait curieux, Lincoln était connu pour sa stature : il mesurait environ 1,93 mètre. Il était également un orateur talentueux et on lui attribue le discours le plus célèbre de sa carrière politique, le discours de Gettysburg.

Les influences et les expériences clés de la vie de Lincoln comprennent son éducation modeste dans une famille de fermiers, son autodidaxie et son engagement dans la politique. Avant de devenir président, Lincoln a pratiqué le droit et s'est impliqué dans la politique de l'État de l'Illinois.

Les contributions et les réalisations de Lincoln, qui ont eu un impact sur le monde, sont importantes. En tant que président, il a mené les États-Unis pendant la guerre de Sécession et a joué un rôle crucial dans la préservation de l'Union et l'abolition de l'esclavage. On se souvient de lui pour sa Proclamation d'émancipation de 1863, qui déclarait la liberté des esclaves dans les États rebelles, jetant ainsi les bases de l'abolition totale de l'esclavage aux États-Unis.

L'héritage de Lincoln et son impact durable sont considérables. Son leadership pendant la guerre civile et son combat pour l'égalité raciale et la justice sont au cœur de l'histoire des États-Unis. Son image et ses idéaux sont devenus des symboles de liberté et de démocratie. De plus, son assassinat en 1865 a fait de lui un martyr national et a contribué à sa vénération comme l'un des présidents les plus éminents de l'histoire américaine.

idéaux sont devenus des symboles de liberté et de démocratie. De plus, son assassinat en 1865 a fait de lui un martyr national et a contribué à sa vénération comme l'un des présidents les plus éminents de l'histoire américaine.

Léonard de Vinci

Léonard était un grand polymathe italien de la Renaissance, connu pour ses compétences en peinture, sculpture, architecture, musique, anatomie et ingénierie.

Contexte historique et biographie :

Léonard de Vinci est né le 15 avril 1452 à Vinci, en Italie. Il a vécu à une époque de grande effervescence artistique et scientifique, connue sous le nom de Renaissance. Apprenti dans l'atelier du peintre Andrea del Verrocchio, Léonard de Vinci a développé son propre style artistique, caractérisé par le réalisme, la profondeur et la maîtrise technique.

Vie intime et faits amusants :

On ne sait pas si Léonard de Vinci a eu une femme ou des enfants. Bien que peu de détails soient connus sur sa vie intime, on pense qu'il était homosexuel, d'après certains de ses écrits et dessins personnels. Outre ses talents artistiques exceptionnels, il s'est également consacré à l'anatomie et a réalisé de nombreuses études détaillées du corps humain.

Influences et expériences clés dans sa vie :

De Vinci a été influencé par le milieu culturel de la Renaissance italienne, ainsi que par les grandes figures de son époque, notamment les peintres Andrea del Verrocchio et Sandro Botticelli. En outre, sa curiosité et son esprit curieux l'ont amené à étudier une grande variété de disciplines, de l'anatomie à l'ingénierie en passant par l'astronomie.

Contributions et réalisations qui ont eu un impact sur le monde :

Léonard de Vinci a laissé un héritage impressionnant dans les domaines artistique et scientifique. Ses tableaux les plus célèbres, tels que "La Cène" et "La Joconde", ont laissé une trace durable dans l'histoire de l'art. Ses œuvres témoignent d'une maîtrise technique sans précédent et d'une approche novatrice de l'utilisation de la perspective et de la représentation de la figure humaine.

Outre sa contribution artistique, Vinci a fait de nombreuses découvertes et conceptions dans des domaines tels que l'anatomie, la physique, l'ingénierie et l'architecture. Ses carnets contiennent une multitude de croquis et d'idées novatrices, allant de la conception de machines volantes à l'étude détaillée de l'anatomie humaine.

Héritage et impact durable :

L'héritage de Léonard de Vinci dans l'histoire de l'art et de la science est indéniable. Son approche multidisciplinaire et sa capacité à combiner la créativité artistique et l'observation scientifique ont jeté les bases de la Renaissance et des progrès ultérieurs dans des domaines tels que l'anatomie, l'ingénierie et l'astronomie.

Sa vision interdisciplinaire et sa curiosité insatiable continuent d'inspirer les artistes et les scientifiques d'aujourd'hui. De Vinci a démontré l'importance de combiner la créativité et les connaissances scientifiques pour réaliser des avancées significatives dans différents domaines.

Mahatma Gandhi

Il était un leader politique et spirituel indien, connu pour son rôle dans la lutte pour l'indépendance de l'Inde et pour son plaidoyer en faveur de la non-violence.

Contexte historique et biographie :

Mohandas Karamchand Gandhi est né le 2 octobre 1869 à Porbandar, une ville de l'État du Gujarat, en Inde. Gandhi grandit dans une famille hindoue et fait des études de droit à Londres. Après son retour en Inde, Gandhi est devenu un leader politique et un défenseur des droits civiques, menant des mouvements non violents et des campagnes pour l'indépendance de l'Inde par rapport à la domination britannique.

Épouse et vie intime :

Gandhi a épousé Kasturba Makhanji à l'âge de 13 ans dans le cadre d'un mariage arrangé. Kasturba fut une compagne fidèle de Gandhi et devint également une militante des droits civiques. Ils ont eu quatre enfants ensemble, mais leur vie de famille a été marquée par les exigences de la lutte politique et de la vie communautaire.

Influences et expériences clés dans sa vie :

Gandhi a été influencé par diverses philosophies et religions, notamment l'hindouisme, le jaïnisme, le christianisme et les enseignements de personnalités telles que Henry David Thoreau et Léon Tolstoï. La discrimination raciale qu'il a subie en Afrique du Sud et sa rencontre avec le mouvement des droits civiques ont été des expériences clés qui l'ont amené à développer sa philosophie de la résistance non violente et de la désobéissance civile.

Contributions et réalisations qui ont eu un impact sur le monde :

Gandhi est connu pour avoir mené la lutte pour l'indépendance de l'Inde en utilisant des tactiques de résistance non violente. Sa philosophie du "Satyagraha" (fermeté dans la vérité) est devenue une méthode puissante de lutte contre l'injustice et l'oppression. Gandhi a organisé des campagnes de désobéissance civile, des boycotts de produits britanniques et des grèves de la faim pour promouvoir la liberté et les droits civils.

Héritage et impact durable :

L'héritage de Gandhi a profondément marqué l'histoire et la politique mondiales. L'importance qu'il accorde à la non-violence et à la résistance pacifique a influencé des dirigeants et des mouvements du monde entier, tels que Martin Luther King Jr. et Nelson Mandela. Gandhi a également prôné l'égalité sociale, la justice économique et l'harmonie religieuse. Sa vision d'une Inde indépendante et unie est devenue réalité en 1947, lorsque le pays a accédé à l'indépendance.

L'héritage de Gandhi dépasse son rôle dans l'indépendance de l'Inde. Sa philosophie et ses méthodes de non-violence continuent d'inspirer la lutte pour les droits de l'homme, la justice sociale et la paix dans le monde entier. Gandhi est internationalement reconnu comme une icône de la résistance pacifique et son message d'amour, de tolérance et de compassion continue de résonner aujourd'hui.

En outre, Gandhi prônait l'égalité des sexes et l'émancipation des femmes, luttant pour leur pleine participation à la société. Il a également plaidé en faveur de la protection de l'environnement et de la durabilité, reconnaissant l'interconnexion entre l'homme et la nature.

En résumé, le Mahatma Gandhi a laissé un héritage important dans l'histoire en menant la lutte pacifique pour l'indépendance de l'Inde et en promouvant la non-violence comme forme efficace de résistance contre les systèmes inégaux et tyranniques. Son message d'amour, de tolérance, de justice sociale et de résistance pacifique reste d'actualité et sa figure est admirée comme un symbole de la lutte pour la liberté et la paix dans le monde entier.

Martin Luther King Jr.

Il a été l'un des principaux leaders du mouvement des droits civiques aux États-Unis.

Contexte historique et biographie :

Martin Luther King Jr. est né le 15 janvier 1929 à Atlanta, en Géorgie, au cours d'une période de ségrégation raciale et de discrimination aux États-Unis. Pasteur baptiste, il est devenu un éminent défenseur des droits civiques, menant de nombreuses manifestations pacifiques pour lutter contre l'injustice et la ségrégation raciale.

Vie intime et faits amusants :

Martin Luther King Jr. a épousé Coretta Scott King en 1953 et ils ont eu quatre enfants ensemble. Bien qu'il soit surtout connu pour son rôle de leader dans le mouvement des droits civiques, il était aussi un père dévoué et un mari engagé.

Influences et expériences clés dans sa vie :

L'enfance et l'éducation de King dans le Sud américain ségrégationniste, ainsi que les enseignements de son père et de sa mère, ont influencé sa vision de l'égalité et de la justice. Il a également été influencé par l'activisme de personnalités telles que le Mahatma Gandhi et Henry David Thoreau, qui prônaient la résistance pacifique et la désobéissance civile comme moyens de changement social.

Contributions et réalisations qui ont eu un impact sur le monde :

Martin Luther King Jr. a été le principal dirigeant du mouvement des droits civiques aux États-Unis. Son célèbre discours "I Have a Dream" prononcé lors de la marche sur Washington en 1963 est devenu un symbole de la lutte pour l'égalité raciale et la justice. Sa lutte non violente et son plaidoyer en faveur des droits civiques ont inspiré des millions de personnes et ont contribué à l'adoption de lois importantes telles que la loi sur les droits civiques de 1964 et la loi sur les droits de vote de 1965.

Héritage et impact durable :

L'héritage de Martin Luther King Jr. se perpétue dans la lutte pour l'égalité et la justice dans le monde entier. Son courage et son leadership pacifique ont été une source d'inspiration pour les mouvements sociaux et les leaders de diverses causes. L'importance qu'il accorde à la non-violence, à la justice et à l'amour fraternel continue de résonner dans la lutte pour les droits de l'homme.

En outre, King a également plaidé pour l'élimination de la pauvreté et la promotion de l'égalité économique, et son message sur l'interconnexion des luttes pour la race, la classe et la justice sociale reste d'actualité.

En résumé, Martin Luther King Jr. était un leader charismatique et un pacifiste dont l'engagement en faveur de l'égalité raciale et de la justice sociale a eu un impact significatif sur la lutte pour les droits civiques aux États-Unis. Son héritage de résistance non violente et sa vision d'un monde plus juste continuent d'inspirer les générations actuelles dans leur quête d'égalité et de justice.

Confucius

De son vrai nom Kong Qiu, il était un philosophe et un éducateur chinois qui a vécu pendant la période de la dynastie Zhou, au Ve siècle avant J.-C.

Contexte historique et biographie :

Confucius est né en 551 avant J.-C. dans la ville de Qufu, dans l'actuelle province de Shandong, en Chine. Il a vécu à une époque de bouleversements politiques et sociaux, connue sous le nom de période des Royaumes combattants, caractérisée par la guerre et la fragmentation politique. Confucius s'est efforcé de rétablir l'harmonie sociale et de promouvoir la stabilité par l'éthique et l'éducation.

Vie intime et faits amusants :

On sait peu de choses sur la vie intime de Confucius. Il s'est marié et a eu plusieurs enfants, mais on ne connaît pas de détails précis sur sa vie familiale ou sentimentale. Confucius s'est concentré sur ses études et sur sa mission de transmettre ses enseignements à ses disciples et aux générations futures.

Influences et expériences clés dans sa vie :

Confucius a été influencé par les anciennes traditions et philosophies chinoises, telles que le confucianisme et le taoïsme. Il a également étudié et s'est inspiré des pratiques sociales et politiques de l'époque, cherchant à améliorer la société par la moralité et la droiture.

Contributions et réalisations qui ont eu un impact sur le monde :

Les enseignements de Confucius, compilés dans le livre connu sous le nom d'Analectes, se concentrent sur l'éthique, la moralité et la vertu personnelle. Il prône l'importance de relations familiales harmonieuses, la loyauté envers le gouvernement et le respect des aînés. Son influence sur l'éducation et la formation morale a perduré pendant des siècles dans la culture chinoise.

Héritage et impact durable :

L'héritage de Confucius a eu un impact significatif sur la société chinoise et sur de nombreuses autres cultures d'Asie de l'Est. Ses enseignements sont devenus la base du confucianisme, une philosophie qui a influencé la politique, la morale et l'éducation en Chine pendant des siècles. Ses idées sur l'harmonie sociale, la vertu et l'éthique continuent d'être étudiées et débattues aujourd'hui.

En outre, les enseignements de Confucius ont également influencé la formation des systèmes éducatifs et la promotion des valeurs morales dans diverses sociétés. L'accent qu'il a mis sur la droiture, le respect et la sagesse a laissé une empreinte durable sur la pensée et la culture dans le monde entier.

Winston Churchill

Il était un homme politique britannique et un dirigeant pendant la Seconde Guerre mondiale.

Contexte historique et biographie :

Winston Churchill est né le 30 novembre 1874 à Woodstock, dans l'Oxfordshire, au Royaume-Uni. Il a vécu à une époque de grands changements géopolitiques, notamment la montée de l'impérialisme britannique et les défis politiques des deux guerres mondiales. Tout au long de sa vie, Churchill a occupé plusieurs postes politiques, dont celui de Premier ministre du Royaume-Uni à deux reprises.

Vie intime et faits amusants :

Churchill a épousé Clementine Hozier en 1908 et ils ont eu cinq enfants ensemble. Bien qu'il y ait peu de détails sur sa vie privée, on sait que Churchill était un écrivain prolifique et un peintre passionné. En outre, Churchill était connu pour sa passion des cigares et son goût pour le whisky.

Influences et expériences clés dans sa vie :

Churchill a grandi dans un environnement politique, son père étant lui aussi un homme politique. Son expérience dans l'armée et sa participation à la Première Guerre mondiale lui ont donné un aperçu unique des défis et des dangers de la guerre. Il a également été influencé par l'histoire et la littérature, et a acquis une connaissance approfondie de la politique et de la stratégie.

Contributions et réalisations qui ont eu un impact sur le monde :

Pendant la Seconde Guerre mondiale, Churchill a été une figure clé de la résistance britannique contre l'Allemagne nazie. Ses discours inspirés et son leadership inébranlable ont donné de l'espoir au peuple britannique en ces temps difficiles. En outre, Churchill a joué un rôle crucial dans la formation de la coalition alliée et dans la planification stratégique de la guerre.

Héritage et impact durable :

L'héritage de Churchill réside dans son leadership pendant la Seconde Guerre mondiale et son rôle dans la défense des valeurs démocratiques. Ses discours et sa détermination ont marqué l'histoire. Churchill s'est également distingué par sa vision géopolitique et son plaidoyer en faveur de la coopération internationale, qui a contribué à la création d'organisations telles que les Nations unies.

En outre, Churchill a reçu le prix Nobel de littérature en 1953 pour sa maîtrise de l'art oratoire et de l'écriture historique. Ses œuvres littéraires, telles que "The Second World War" et "History of the English-Speaking Peoples", ont été largement lues et étudiées. En résumé, Winston Churchill était un dirigeant politique britannique exceptionnel dont le leadership pendant la Seconde Guerre mondiale et les contributions à la défense des valeurs démocratiques ont laissé un héritage durable. Sa fermeté, son éloquence inspirante et son engagement en faveur de la paix et de la coopération internationale restent des exemples pertinents aujourd'hui.

Alexandre le Grand

Également connu sous le nom d'Alexandre III de Macédoine, était un éminent chef militaire et politique qui a vécu au IVe siècle avant Jésus-Christ. J.-C.

Contexte historique et biographie :

Alexandre le Grand est né le 20 juillet 356 avant J.-C. à Pella, en Macédoine. Il est le fils du roi Philippe II de Macédoine et hérite du trône à l'âge de 20 ans, à la suite de l'assassinat de son père. Son règne a été marqué par une série de campagnes militaires qui ont conduit à l'expansion de l'empire macédonien en Asie, jusqu'en Égypte et en Inde.

Vie intime et faits amusants :

En ce qui concerne sa vie privée, Alexandre le Grand s'est marié trois fois. Sa première femme était Roxana, une princesse de Bactriane, avec laquelle il eut un fils nommé Alexandre IV. Des relations intimes avec des hommes lui sont également attribuées, ce qui était courant dans la culture macédonienne de l'époque.

Influences et expériences clés dans sa vie :

La plus grande influence sur la vie d'Alexandre le Grand a été celle de son père, Philippe II, qui l'a éduqué aux arts, à la philosophie et à la guerre. Il a également reçu l'enseignement du célèbre philosophe grec Aristote. Ces influences lui ont donné une éducation complète et l'ont aidé à développer des compétences en matière de leadership, de stratégie militaire et de pensée politique.

Contributions et réalisations qui ont eu un impact sur le monde :

La plus grande réalisation d'Alexandre le Grand a été la création de l'un des plus grands empires de l'histoire. Sa campagne militaire audacieuse a permis de conquérir une grande partie du monde connu à son époque, de la Grèce et de l'Égypte à la Perse, à l'Inde et au-delà. Ses tactiques militaires innovantes et sa capacité à unir ses troupes ont fait de lui l'un des chefs militaires les plus performants de l'histoire.

Héritage et impact durable :

L'héritage d'Alexandre le Grand a été important tant sur le plan politique que culturel. Ses conquêtes ont répandu la culture grecque hellénistique dans tout son empire, influençant l'architecture, l'art et la littérature des régions conquises. En outre, son héritage politique a jeté les bases de l'émergence des royaumes hellénistiques après sa mort.

Alexandre le Grand est également considéré comme un leader visionnaire qui a cherché à unifier les différentes cultures et à diffuser le savoir. Il a fondé de nombreuses villes, dont beaucoup portent son nom, comme Alexandrie en Égypte, qui est devenue un important centre culturel et commercial.

Aristote

Il s'agit d'un philosophe et scientifique grec qui a vécu au 4e siècle avant Jésus-Christ.

Contexte historique et biographie :

Aristote est né en 384 avant J.-C. dans la ville de Stagira, dans l'ancienne Macédoine. Il était un disciple de Platon et devint plus tard le précepteur du jeune Alexandre le Grand. Il a développé ses enseignements et écrit de nombreux ouvrages sur un large éventail de sujets, notamment la philosophie, l'éthique, la politique, la logique, la biologie et la physique.

Vie intime et faits amusants :

En ce qui concerne sa vie privée, Aristote a été marié deux fois. Sa première femme était Pythias, avec qui il eut une fille nommée Pythias. Après son veuvage, il a épousé une femme nommée Herpyllis, avec laquelle il a eu un fils nommé Nicomachus. Aristote est également connu pour avoir fondé sa propre école, le Lycée, où il enseignait et menait des recherches.

Influences et expériences clés dans sa vie :

Aristote a été fortement influencé par son maître, Platon, qui était lui-même un disciple de Socrate. La philosophie d'Aristote est basée sur la pensée de ces deux grands philosophes. En outre, le fait d'avoir été le précepteur d'Alexandre le Grand lui a permis d'acquérir une expérience en matière de politique et de leadership, ce qui a influencé ses idées sur l'organisation de la société.

Contributions et réalisations qui ont eu un impact sur le monde :

Les contributions d'Aristote sont vastes et couvrent divers domaines de la connaissance. Il a été l'un des premiers à développer un système logique formel et son ouvrage "Organon" a jeté les bases de la logique classique. Ses écrits sur l'éthique et la politique, tels que l'"Éthique à Nicomaque" et la "Politique", restent des références importantes dans ces domaines.

Dans le domaine des sciences naturelles, Aristote a effectué des recherches et des classifications détaillées dans des domaines tels que la biologie et la zoologie. Ses ouvrages, tels que l'"Histoire des animaux" et le "De Anima", ont jeté les bases de l'étude systématique de la vie et de l'esprit.

Héritage et impact durable :

L'héritage d'Aristote est immense et a traversé les siècles. Ses enseignements et ses écrits ont été continuellement étudiés et débattus, influençant des domaines tels que la philosophie, l'éthique, la politique, la logique et les sciences naturelles. Son approche logique et systématique a eu un impact durable sur la pensée occidentale et a jeté les bases de nombreuses disciplines académiques.

En outre, Aristote a fondé le Lycée, qui est devenu un important centre d'étude et d'enseignement. Ses disciples, connus sous le nom de péripatéticiens, ont perpétué son héritage et diffusé ses idées.

Aristote a également établi la méthode de l'observation systématique et de la classification dans l'étude de la nature, jetant ainsi les bases de la recherche scientifique ultérieure. Ses contributions en biologie, en zoologie et dans d'autres domaines scientifiques ont laissé une empreinte durable sur la compréhension du monde naturel.

Isaac Newton

(1643-1727) est un scientifique, mathématicien et physicien anglais de premier plan qui a apporté des contributions fondamentales dans les domaines de la physique, des mathématiques et de l'astronomie.

Contexte historique :

Isaac Newton a vécu à une époque connue sous le nom de Siècle des Lumières et de Renaissance scientifique. Il est né le 25 décembre 1643 à Woolsthorpe, en Angleterre, sous le règne de Charles Ier. Sa vie et son œuvre se sont déroulées à une époque de grands changements intellectuels et scientifiques.

Biographie :

Newton a grandi dans une ferme et a montré un grand talent pour les mathématiques dès son plus jeune âge. Il étudie à l'université de Cambridge et devient professeur au Trinity College. Au cours de sa vie, Newton ne s'est jamais marié et est considéré comme un célibataire.

Vie intime :

La vie personnelle de Newton a fait l'objet de spéculations et de débats. On sait qu'il était introverti et obsédé par son travail scientifique. Il passait de longues heures plongé dans ses recherches et ses expériences, ce qui l'amenait à négliger d'autres aspects de sa vie.

Faits amusants :

Newton a souffert d'une dépression nerveuse dans sa jeunesse et s'est retiré de la vie publique pendant un certain temps.

Il était connu pour sa personnalité difficile et ses conflits avec d'autres scientifiques de l'époque, tels que Robert Hooke et Gottfried Leibniz.

Newton a été membre du Parlement britannique pendant une brève période.

Outre ses contributions scientifiques, Newton s'intéressait également à l'alchimie et à la théologie.

Principales influences et expériences :

Newton a été influencé par les travaux de scientifiques antérieurs, tels que Galileo Galilei, Johannes Kepler et René Descartes. Ces influences l'ont amené à développer sa célèbre théorie de la gravitation universelle et les lois du mouvement, qui ont révolutionné la physique.

Contributions et réalisations :

Il a formulé les lois du mouvement, connues sous le nom de lois de Newton, qui sont fondamentales pour la physique classique.

Il a développé la théorie de la gravitation universelle, qui explique l'attraction entre les corps célestes.

Il a réalisé d'importantes avancées en mathématiques, en particulier dans le domaine du calcul différentiel et intégral.

Il a été le premier à décomposer la lumière blanche en un spectre de couleurs à l'aide d'un prisme, jetant ainsi les bases de l'optique moderne.

Héritage et impact durable :

L'héritage d'Isaac Newton est indéniable. Ses découvertes ont jeté les bases de la physique moderne et transformé notre compréhension du monde naturel. Son approche scientifique fondée sur l'observation, l'expérimentation et le raisonnement logique a jeté les bases de la méthode scientifique et a influencé des générations de scientifiques depuis lors. Ses idées et ses théories restent fondamentales dans de nombreux domaines scientifiques et son nom est associé au génie et à la révolution scientifique.

Louis Pasteur

Né le 27 décembre 1822 à Dole, France, et mort le 28 septembre 1895 à Marnes-la-Coquette, il était un scientifique et chimiste connu pour ses contributions à la microbiologie et à la médecine.

En ce qui concerne sa vie privée, Pasteur a épousé Marie Laurent en 1849, avec qui il a eu cinq enfants. En ce qui concerne sa vie intime, peu de détails sont disponibles, car elle est peu documentée.

Pasteur a vécu dans un contexte historique où la médecine et la science étaient en pleine évolution. Il a été influencé par la découverte de la théorie des germes et l'idée que les micro-organismes étaient à l'origine de nombreuses maladies. Ses expériences clés comprennent ses travaux sur la fermentation, la vaccination et la stérilisation.

Parmi ses contributions et réalisations les plus remarquables, on peut citer la mise au point de la technique de pasteurisation, qui a permis de conserver les aliments et de prévenir les maladies transmises par des aliments contaminés. Il a également mis au point des vaccins contre des maladies telles que la rage et le charbon, jetant ainsi les bases de l'immunisation moderne.

L'héritage de Louis Pasteur est d'une grande importance dans le domaine de la médecine et de la microbiologie. Ses découvertes ont révolutionné la compréhension des maladies infectieuses et jeté les bases du développement de la microbiologie moderne. Son approche scientifique rigoureuse et ses contributions à la médecine ont sauvé d'innombrables vies et ont eu un impact durable sur la santé publique.

En outre, Pasteur a été l'un des premiers scientifiques à reconnaître l'importance de la vulgarisation scientifique et de l'application pratique des découvertes scientifiques au profit de la société. Son travail et son dévouement à la science ont laissé un héritage durable et ont jeté les bases du progrès scientifique et médical dans le monde entier.

Nelson Mandela

Il était un dirigeant sud-africain et une figure emblématique de la lutte contre l'apartheid.

Contexte historique et biographie :

Nelson Mandela est né le 18 juillet 1918 à Mvezo, en Afrique du Sud. Il a vécu à une époque où l'Afrique du Sud était marquée par la discrimination raciale et la politique d'apartheid, un système de ségrégation raciale institutionnalisée. Mandela est devenu un défenseur infatigable de l'égalité et de la justice pour tous les Sud-Africains, quelle que soit leur race.

Vie intime et faits amusants :

Nelson Mandela a été marié trois fois. Sa première femme était Evelyn Mase, avec qui il a eu quatre enfants. Il a ensuite épousé Winnie Madikizela, avec qui il a eu deux filles. Il a épousé en troisièmes noces Graça Machel, veuve de l'ancien président du Mozambique, Samora Machel. Mandela était père, grand-père et arrière-grand-père, et sa famille a joué un rôle important dans sa lutte et son héritage.

Influences et expériences clés dans sa vie :

Le fait que Mandela ait grandi dans une Afrique du Sud marquée par la ségrégation et qu'il ait été confronté à la discrimination raciale a influencé son engagement dans la lutte pour l'égalité. Son expérience en tant que dirigeant du Congrès national africain (ANC), son emprisonnement pendant 27 ans et ses relations avec d'autres dirigeants politiques et militants des droits civiques ont été des expériences clés qui ont façonné sa détermination et sa vision d'une Afrique du Sud libre et démocratique.

Contributions et réalisations qui ont eu un impact sur le monde :

La contribution la plus remarquable de Nelson Mandela a été son leadership dans la lutte contre l'apartheid et son rôle dans la transition pacifique de l'Afrique du Sud vers la démocratie. Après sa libération de prison en 1990, Mandela a joué un rôle crucial dans les négociations visant à mettre fin à l'apartheid et est devenu le premier président noir de l'Afrique du Sud en 1994.

Héritage et impact durable :

L'héritage de Nelson Mandela se caractérise par sa lutte inlassable pour la justice et l'égalité. Son leadership a inspiré des personnes du monde entier et il est devenu un symbole de résistance pacifique et de réconciliation. L'accent qu'il a mis sur la réconciliation nationale et la promotion de l'unité et de l'égalité raciale a permis d'éviter une guerre civile et de jeter les bases de la construction d'une Afrique du Sud démocratique et multiculturelle.

Mandela a reçu de nombreux prix et récompenses internationaux, dont le prix Nobel de la paix en 1993, en reconnaissance de sa contribution à la résolution pacifique du conflit en Afrique du Sud. Son héritage continue d'inspirer les dirigeants et les militants du monde entier dans leur lutte pour la justice sociale et les droits de l'homme.

Socrate

Il s'agit d'un philosophe grec qui a vécu à Athènes au Ve siècle avant Jésus-Christ.

Contexte historique et biographie :

Socrate est né vers 470 avant J.-C. à Athènes, en Grèce, au cours d'une période de prospérité culturelle et politique connue sous le nom d'âge d'or d'Athènes. Bien qu'il n'ait pas laissé de traces écrites, sa philosophie et ses enseignements ont été transmis par les écrits de ses disciples, en particulier Platon.

Vie intime et faits amusants :

En ce qui concerne sa vie privée, Socrate était marié à Jantipa et a eu trois enfants avec elle. On dit que leur mariage n'était pas conventionnel et que Jantipa était une femme de tempérament. En outre, Socrate a entretenu des relations étroites et durables avec plusieurs de ses disciples, dont Platon.

Parmi les faits intéressants concernant Socrate, citons son style d'enseignement, connu sous le nom de "méthode socratique", qui consistait à poser des questions et à remettre en question les croyances établies. On lui attribue également la phrase "Je sais seulement que je ne sais rien", qui reflète son humilité intellectuelle et sa quête constante de connaissances.

Influences et expériences clés dans sa vie :

Socrate a été influencé par divers penseurs et courants philosophiques de son époque, tels que les Sophistes et la philosophie d'Héraclite et de Parménide. Mais c'est sa rencontre avec l'oracle de Delphes et l'interprétation de son message, qui le désigne comme l'homme le plus sage d'Athènes, qui l'amènent à remettre en cause les croyances et les savoirs établis.

Contributions et réalisations qui ont eu un impact sur le monde :

Socrate n'a pas laissé d'œuvres écrites, mais sa méthode d'enquête et l'importance qu'il accordait à la recherche de la vérité et de la connaissance ont eu un impact significatif sur la philosophie occidentale. Son style d'enseignement et son insistance sur l'examen des croyances et la remise en question des hypothèses ont jeté les bases de la pensée critique et de la philosophie systématique.

En outre, Socrate était un défenseur de l'éthique et de la vertu. Il croyait en l'importance de l'autoréflexion et de l'autodiscipline pour atteindre l'excellence morale. Ses discussions sur la justice, la vertu et la nature de l'être humain ont influencé des générations de philosophes ultérieurs.

Héritage et impact durable :

L'héritage de Socrate réside dans l'importance qu'il accorde à la recherche de la vérité et de la vertu, ainsi que dans sa méthode d'enquête. Bien qu'il ait été condamné à mort pour avoir "corrompu la jeunesse" et "méconnu les dieux de la cité", sa figure et ses enseignements ont traversé les siècles.

Socrate a jeté les bases du développement de la philosophie occidentale et est resté une figure influente de la pensée philosophique jusqu'à aujourd'hui. Ses enseignements et sa méthode de recherche ont été étudiés et discutés par les philosophes à travers les siècles, et l'importance qu'il accorde à la connaissance de soi, à l'éthique et à la recherche de la vérité reste d'actualité dans la philosophie contemporaine.

Galileo Galilei

Il s'agit d'un scientifique italien qui a vécu aux XVIe et XVIIe siècles.

Contexte historique et biographie :

Galileo Galilei est né le 15 février 1564 à Pise, en Italie, à l'époque de la Renaissance. Il était contemporain de grandes figures telles que Léonard de Vinci et Michel-Ange. Galilée a excellé en tant qu'astronome, physicien et mathématicien, et est considéré comme l'un des pères de la science moderne.

Vie intime et faits amusants :

En ce qui concerne sa vie intime, Galilée était célibataire et se consacrait entièrement à ses études et à sa carrière scientifique. Il a cependant eu trois enfants illégitimes avec Marina Gamba, une Vénitienne avec laquelle il a entretenu une relation pendant de nombreuses années.

Parmi les faits curieux concernant Galilée, citons l'invention de la lunette astronomique, qui lui a permis de faire d'importantes observations du ciel et de découvrir des phénomènes tels que les lunes de Jupiter. On lui attribue également la formulation de la loi de la chute des corps et l'étude de la cinématique.

Influences et expériences clés dans sa vie :

Galilée a été influencé par la philosophie naturelle de la Grèce antique, en particulier par les idées d'Archimède et de Copernic. Ses études et ses observations en astronomie et en physique l'ont amené à remettre en question les croyances traditionnelles et le système géocentrique, selon lequel la Terre est au centre de l'univers.

Contributions et réalisations qui ont eu un impact sur le monde :

Galilée a fait de nombreuses découvertes et apporté des contributions importantes à la science. Ses observations astronomiques ont étayé la théorie héliocentrique de Copernic, selon laquelle les planètes tournent autour du soleil. Sa défense de cette théorie et sa confrontation avec l'Église catholique lui ont valu d'être jugé pour hérésie et condamné à l'assignation à résidence pour le reste de sa vie.

Galilée a également jeté les bases de la méthode scientifique moderne en encourageant l'expérimentation, l'observation et la formulation d'hypothèses comme outils de compréhension du monde naturel. Son approche de l'application des mathématiques à la physique a également été révolutionnaire et a ouvert de nouvelles portes à l'étude des phénomènes naturels.

Héritage et impact durable :

L'héritage de Galilée réside dans sa contribution à la révolution scientifique et dans sa défense de la liberté de pensée et de l'autonomie de la science. Son combat pour établir la primauté de la preuve scientifique et de l'observation empirique a jeté les bases de la pensée scientifique moderne et a eu un impact durable sur le développement de la science et de la société.

Il a notamment perfectionné le télescope, observé les phases de Vénus et les lunes de Jupiter, et formulé la loi de la chute des corps. En outre, son approche de la méthode scientifique, basée sur l'expérimentation et l'observation, a jeté les bases de la science moderne et a eu un impact durable sur le développement de disciplines telles que la physique et l'astronomie.

L'héritage de Galilée va au-delà de ses découvertes scientifiques. Sa défense de l'autonomie de la science et sa lutte pour la liberté intellectuelle ont jeté les bases de la pensée scientifique moderne et de la séparation de la religion et de la science. Son courage et sa persévérance ont inspiré les générations suivantes de scientifiques et de défenseurs de la raison et de la connaissance fondée sur des preuves.

Henry Ford

Né le 30 juillet 1863 dans le comté de Wayne, Michigan, et décédé le 7 avril 1947 à Dearborn, Michigan, il était un entrepreneur américain et un pionnier de l'industrie automobile.

En ce qui concerne sa vie privée, Ford a épousé Clara Ford en 1888, avec qui il a eu un fils nommé Edsel Ford. En ce qui concerne sa vie privée, peu de détails sont disponibles, car elle n'est pas largement documentée.

Ford a vécu dans un contexte historique où l'industrie et la technologie connaissaient une croissance rapide. Il a été influencé par le développement de la technologie automobile et la demande croissante de transport personnel. Il a expérimenté différentes idées et approches pour améliorer la production automobile.

Ses contributions et réalisations les plus notables concernent l'industrie automobile. Fondateur de la Ford Motor Company en 1903, Ford est réputé pour avoir introduit la chaîne de montage dans la production de masse d'automobiles. Son modèle de voiture populaire, la Ford T, a révolutionné l'industrie et est devenue la première automobile accessible à la classe ouvrière américaine.

L'héritage d'Henry Ford s'étend bien au-delà de l'industrie automobile. Son souci d'une production de masse efficace a jeté les bases d'une production de masse dans toute une série d'industries. En outre, sa vision de rendre les automobiles abordables pour le plus grand nombre a transformé la mobilité et changé la façon dont les gens se déplacent.

Toutefois, M. Ford a également été critiqué pour ses positions et actions controversées, telles que son antisémitisme et son soutien à des mouvements politiques et sociaux douteux.

En bref, Henry Ford était un entrepreneur visionnaire qui a révolutionné l'industrie automobile et a laissé un impact durable sur la production de masse et la mobilité. Son héritage se retrouve à la fois dans le monde des affaires et dans la société, mais on se souvient également de lui pour ses opinions et ses actions controversées.

William Shakespeare

Il s'agit d'un célèbre dramaturge et poète anglais qui a vécu au XVIe siècle et au début du XVIIe siècle.

Contexte historique et biographie :

Shakespeare est né à Stratford-upon-Avon, en Angleterre, en 1564. Son époque, connue sous le nom de Renaissance anglaise, est une période d'épanouissement culturel et artistique en Angleterre. Shakespeare a vécu sous le règne de la reine Élisabeth Ire et, par la suite, sous celui du roi Jacques Ier. Il était contemporain de personnalités telles que Francis Bacon et Miguel de Cervantes.

Vie intime et faits amusants :

Shakespeare a épousé Anne Hathaway en 1582 et ils ont eu trois enfants ensemble. Cependant, on sait très peu de choses sur sa vie intime et sur les détails spécifiques de sa relation avec sa femme.

En termes de faits amusants, Shakespeare a écrit environ 39 pièces, dont des tragédies, des comédies, des histoires et des sonnets. En outre, on pense qu'il a inventé environ 1 700 mots anglais, dont beaucoup sont encore utilisés aujourd'hui.

Influences et expériences clés dans sa vie :

Les influences de Shakespeare étaient variées et comprenaient à la fois la littérature classique, comme les œuvres de Plutarque et d'Ovide, et les traditions théâtrales populaires de son époque. Son expérience en tant qu'acteur et dramaturge au sein de la compagnie théâtrale Lord Chamberlain's Men a également influencé son style d'écriture et sa compréhension de l'art dramatique.

Contributions et réalisations qui ont eu un impact sur le monde :

Les pièces de Shakespeare ont eu un impact significatif sur la littérature et le théâtre dans le monde entier. Ses pièces explorent un large éventail de thèmes universels tels que l'amour, la trahison, l'ambition et la nature humaine. Ses personnages complexes et ses dialogues poétiques ont fait l'objet d'études et d'admiration à travers les siècles.

Parmi ses pièces les plus connues figurent "Roméo et Juliette", "Hamlet", "Macbeth", "Othello" et "Le Songe d'une nuit d'été". Sa capacité à saisir les émotions et les conflits humains dans ses pièces fait de lui l'un des dramaturges les plus importants de tous les temps.

Héritage et impact durable :

L'héritage de Shakespeare perdure encore aujourd'hui. Ses pièces sont toujours jouées dans les théâtres du monde entier et ont été adaptées dans diverses formes d'art, telles que le cinéma et la télévision. Ses personnages et ses phrases emblématiques ont laissé une marque indélébile sur la culture populaire. En outre, Shakespeare a influencé de nombreux écrivains et artistes ultérieurs. Son style littéraire, sa maîtrise de la langue et son exploration de thèmes universels ont inspiré des générations d'écrivains et laissé une marque indélébile sur la littérature et le théâtre.

Thomas Edison

Né le 11 février 1847 à Milan, Ohio, et mort le 18 octobre 1931 à West Orange, New Jersey, il était un inventeur et entrepreneur américain connu pour ses nombreuses inventions et contributions dans le domaine de l'électricité et de l'éclairage.

En ce qui concerne sa vie privée, Edison s'est marié deux fois. Sa première femme était Mary Stilwell, avec qui il a eu trois enfants, mais elle est malheureusement décédée en 1884. Edison a ensuite épousé Mina Miller, avec qui il a eu trois autres enfants.

Edison a vécu dans un contexte historique marqué par la révolution industrielle et les avancées technologiques. Son intérêt pour la science et l'expérimentation s'est manifesté dès son plus jeune âge. Au cours de sa vie, Edison a obtenu plus d'un millier de brevets, ce qui fait de lui l'un des inventeurs les plus prolifiques de l'histoire.

Parmi ses inventions les plus remarquables figurent la lampe à incandescence, le phonographe et le système de distribution électrique à courant continu. Ces inventions ont eu un impact significatif sur le monde en améliorant l'éclairage domestique, en révolutionnant l'industrie musicale et en fournissant une source d'énergie plus efficace et plus abordable.

L'héritage de Thomas Edison se manifeste dans la façon dont l'électricité et l'éclairage ont transformé nos vies. Ses contributions ont jeté les bases du développement de l'industrie électrique et de la technologie moderne. En outre, Edison a créé le concept de laboratoires de recherche et de développement, établissant ainsi un modèle pour l'innovation technologique.

Il est important de mentionner que la figure d'Edison a également fait l'objet de débats et de controverses. Certaines de ses pratiques commerciales et ses relations avec d'autres inventeurs ont été remises en question. Le rôle d'autres inventeurs, tels que Nikola Tesla, dans le développement de certaines inventions attribuées à Edison a également été discuté.

En bref, Thomas Edison était un inventeur et un entrepreneur dont les inventions dans le domaine de l'électricité et de l'éclairage ont eu un impact durable sur le monde. Son héritage réside dans la façon dont l'électricité a transformé la société moderne. Si sa figure est reconnue, son rôle et certaines de ses pratiques ont également fait l'objet de débats et de discussions.

Napoléon Bonaparte

Il était un éminent chef militaire et politique français qui a joué un rôle crucial dans l'histoire de l'Europe.

Contexte historique et biographie :

Napoléon Bonaparte est né le 15 août 1769 en Corse, une île méditerranéenne qui faisait alors partie du Royaume de France. Dans sa jeunesse, il excelle dans l'éducation militaire et s'engage dans l'armée française pendant la Révolution française. Profitant des opportunités offertes par cette période de bouleversements politiques et militaires, Napoléon gravit rapidement les échelons de l'armée et devient un dirigeant de premier plan.

Vie intime et faits amusants :

Napoléon s'est marié plusieurs fois. Sa femme la plus célèbre est Joséphine de Beauharnais, qu'il épouse en 1796. Cependant, leur mariage a connu des difficultés et ils ont finalement divorcé en 1809. Napoléon a ensuite épousé Marie-Louise d'Autriche en 1810 et a eu un fils avec elle, qui est devenu roi de Rome.

Influences et expériences clés dans sa vie :

Napoléon est influencé par les idées de la Révolution française et devient un défenseur du républicanisme. Sa carrière militaire et ses victoires sur le champ de bataille lui ont apporté gloire et pouvoir. Son expérience de la guerre lui a permis d'acquérir des compétences stratégiques et tactiques qui lui ont permis d'étendre son empire et d'exercer une domination politique sur une grande partie de l'Europe.

Contributions et réalisations qui ont eu un impact sur le monde :

Napoléon a apporté de nombreuses contributions et réalisations importantes au cours de son règne. Parmi les plus notables, on peut citer

Le code Napoléon : il introduit un système juridique unifié et moderne connu sous le nom de code civil napoléonien, qui a jeté les bases des systèmes juridiques modernes dans de nombreux pays.

Expansion de l'Empire français : Napoléon a mené une série de campagnes militaires réussies qui ont conduit à l'expansion de l'Empire français et à l'incorporation de plusieurs territoires sous sa domination.

Modernisation de l'administration : il met en œuvre des réformes administratives en France et dans les territoires conquis, améliorant l'efficacité et la centralisation du gouvernement.

Promotion de l'éducation et de la culture : il a encouragé l'éducation publique, fondé de nombreuses écoles et académies et soutenu les arts et les sciences.

Héritage et impact durable :

L'héritage de Napoléon est complexe et controversé. D'une part, ses conquêtes et ses réformes ont modernisé et transformé l'Europe à bien des égards. Cependant, son ambition impériale et son style de leadership autoritaire ont également entraîné des guerres et des conflits massifs qui ont causé des souffrances humaines et la perte d'un nombre incalculable de vies.

Charles Darwin

Il était un scientifique anglais de premier plan, connu pour ses contributions révolutionnaires au domaine de la biologie et à la théorie de l'évolution.

Contexte historique et biographie :

Charles Darwin est né le 12 février 1809 en Angleterre. Il a vécu à une époque de grands progrès scientifiques et sociaux, connue sous le nom d'ère victorienne. Il a étudié la médecine et la théologie, mais sa passion pour l'histoire naturelle l'a conduit à s'embarquer pour un voyage d'exploration sur le HMS Beagle. Au cours de ce voyage de cinq ans autour du monde, Darwin a fait des observations et recueilli des données qui allaient jeter les bases de ses idées sur l'évolution.

Vie intime et faits amusants :

Charles Darwin a épousé Emma Wedgwood en 1839 et ils ont eu dix enfants. Darwin était connu pour être un père de famille dévoué et se souciait beaucoup du bien-être de sa femme et de ses enfants. Il souffrait également de problèmes de santé chroniques et a passé une grande partie de sa vie à lutter contre diverses affections.

Influences et expériences clés dans sa vie :

La principale influence sur la vie de Darwin a été son voyage à bord du HMS Beagle. Au cours de cette expédition, il a visité diverses régions du monde, observé la diversité des espèces et s'est intéressé à la géologie et à l'histoire naturelle. Les observations qu'il a faites au cours de ce voyage et les études qu'il a menées par la suite sur la base de ses découvertes ont été fondamentales pour l'élaboration de sa théorie de l'évolution.

Contributions et réalisations qui ont eu un impact sur le monde :

La réalisation la plus remarquable de Darwin a été la formulation de la théorie de l'évolution par la sélection naturelle. Son ouvrage le plus influent, "L'origine des espèces", publié en 1859, présente sa théorie selon laquelle toutes les espèces évoluent au fil du temps par le biais d'un processus de sélection naturelle, dans le cadre duquel les organismes présentant des caractéristiques avantageuses ont plus de chances de survivre et de se reproduire.

Héritage et impact durable :

La théorie de l'évolution de Darwin a eu un impact considérable sur la science et la compréhension de la vie sur Terre. Son travail a remis en question les idées traditionnelles sur la création divine et a jeté les bases de la biologie moderne. Le darwinisme, comme sa théorie est communément appelée, a influencé un large éventail de disciplines, notamment la biologie, la génétique, l'anthropologie et la psychologie évolutionniste. L'héritage de Darwin a également eu des implications sociales et culturelles. Il a suscité des débats sur les relations entre la science et la religion, ainsi que sur les questions éthiques et morales liées à la vie et à la diversité des espèces. L'accent qu'il a mis sur les preuves scientifiques, l'observation et l'expérimentation a créé un précédent important pour la recherche scientifique en général.

Adolf Hitler

Homme politique allemand, il a dirigé le parti nazi et a joué un rôle central dans le déclenchement et le développement de la Seconde Guerre mondiale. Bien que je puisse fournir des informations sur son contexte historique, sa biographie et certains aspects de sa vie personnelle, il est important de noter que discuter de sa vie intime et de faits amusants peut être offensant en raison des crimes horribles et des atrocités commises sous son régime. Par conséquent, je m'efforcerai de fournir des faits objectifs sur sa vie et son héritage :

Contexte historique et biographie :

Adolf Hitler est né le 20 avril 1889 à Braunau am Inn, en Autriche. Jeune homme, il s'installe en Allemagne et rejoint le Parti des travailleurs allemands, qui deviendra plus tard le Parti national-socialiste des travailleurs allemands (nazi). Hitler devient le chef du parti en 1920 et consolide rapidement son pouvoir et son leadership dans l'Allemagne de l'époque.

Vie intime et faits amusants :

Hitler a été brièvement marié à Eva Braun, qui a été sa compagne pendant plusieurs années. Le couple s'est marié dans un bunker de Berlin le 29 avril 1945, peu avant qu'ils ne se suicident tous les deux. En ce qui concerne les faits amusants, il est important de noter que discuter des aspects triviaux de la vie d'Hitler peut minimiser la gravité de ses actes et des souffrances causées par son régime.

Influences et expériences clés dans sa vie :

Hitler a été profondément influencé par l'idéologie antisémite, le nationalisme extrême et le darwinisme social, entre autres éléments. Son séjour à Vienne, où il s'est intéressé à la politique et aux idées radicales, ainsi que son expérience de la Première Guerre mondiale, ont influencé sa vision du monde et son désir de restaurer la grandeur de l'Allemagne.

Contributions et réalisations qui ont eu un impact sur le monde :

L'impact d'Hitler sur le monde a été dévastateur. Sous sa direction, l'Allemagne a déclenché la Seconde Guerre mondiale, qui a entraîné la mort de millions de personnes et la destruction massive de villes et de nations. En outre, Hitler est responsable de l'Holocauste, le génocide et la persécution systématiques de millions de Juifs et d'autres groupes jugés "indésirables" par le régime nazi.

Héritage et impact durable :

L'héritage d'Hitler est l'un des épisodes les plus sombres de l'histoire moderne. Son régime nazi et ses politiques racistes et totalitaires ont laissé une marque indélébile sur le monde. Les atrocités commises sous son règne nous rappellent cruellement les dangers du sectarisme, de l'intolérance et de l'abus de pouvoir. L'Holocauste et la Seconde Guerre mondiale ont eu un impact durable sur la conscience mondiale et ont conduit à une plus grande attention aux droits de l'homme et à la prévention des atrocités dans le monde d'aujourd'hui.

Mao Zedong

Révolutionnaire et dirigeant politique chinois, il a joué un rôle essentiel dans la fondation de la République populaire de Chine et la formation de son gouvernement communiste. Vous trouverez ci-dessous des informations sur son contexte historique et sa biographie, sur les principales influences qui ont marqué sa vie, sur ses contributions et ses réalisations, ainsi que sur son héritage et son impact durable. Toutefois, veuillez noter que la discussion de sa vie intime et des aspects triviaux peut être limitée en raison de la disponibilité des informations et de la complexité de son régime :

Contexte historique et biographie :

Mao Zedong est né le 26 décembre 1893 à Shaoshan, en Chine. Il a vécu à une époque de grands bouleversements politiques et sociaux, marquée par la chute de la dynastie Qing et la lutte pour le pouvoir en Chine. Mao s'est engagé très tôt dans des activités révolutionnaires et est devenu l'un des dirigeants du parti communiste chinois.

Vie intime et faits amusants :

Mao Zedong s'est marié plusieurs fois au cours de sa vie. Sa femme la plus connue est Jiang Qing, qui a également joué un rôle important pendant la révolution culturelle. En ce qui concerne les faits amusants, Mao était connu pour être un nageur passionné et il aimait la poésie et la lecture.

Influences et expériences clés dans sa vie :

Mao Zedong a été influencé par diverses idées et expériences tout au long de sa vie. Il a été inspiré par le communisme et la lutte des classes prônés par Karl Marx, ainsi que par les théories révolutionnaires de Vladimir Lénine. En outre, les expériences de Mao au cours de la lutte révolutionnaire et de la guerre civile chinoise ont façonné son idéologie et son approche politique.

Contributions et réalisations qui ont eu un impact sur le monde :

Mao Zedong a mené la révolution chinoise et établi la République populaire de Chine en 1949. Sous sa direction, des politiques radicales telles que la collectivisation de l'agriculture et l'industrialisation accélérée ont été mises en œuvre. Cependant, il a également été associé à la Grande famine chinoise, qui a causé la mort de millions de personnes. En outre, Mao a mené la révolution culturelle, un mouvement qui a eu un impact massif sur la société chinoise et a provoqué une grande instabilité.

Héritage et impact durable :

L'héritage de Mao Zedong est complexe et sujet à débat. Il est considéré à la fois comme un leader révolutionnaire et patriotique et comme un dictateur, responsable de violations flagrantes des droits de l'homme. Son régime a eu un impact durable sur la Chine et la politique mondiale. Mao a établi un système politique basé sur le maoïsme et a jeté les bases du socialisme chinois. Cependant, son leadership a également fait l'objet de critiques et de controverses en raison des excès et des conséquences négatives de certaines de ses politiques.

Gengis Khan

De son vrai nom Temujin, il était chef militaire et fondateur de l'Empire mongol au XIIIe siècle. Vous trouverez ci-dessous des informations sur son contexte historique et sa biographie, sur les principales influences qui ont marqué sa vie, sur ses contributions et ses réalisations, ainsi que sur son héritage et son impact durable.

Contexte historique et biographie :

Gengis Khan est né en 1162 dans les steppes de Mongolie. À cette époque, les tribus mongoles étaient fragmentées et en conflit permanent. Gengis Khan réussit à unifier les tribus sous sa direction et établit l'empire mongol, qui s'étend de l'Asie centrale à l'Europe de l'Est et à l'Asie de l'Est.

Vie intime et faits amusants :

Les informations précises sur la vie intime de Gengis Khan sont rares. On sait qu'il a eu plusieurs épouses et concubines, et on lui attribue un grand nombre de descendants. Cependant, les détails exacts de sa vie personnelle et de ses relations sont difficiles à déterminer avec précision.

Influences et expériences clés dans sa vie :

Gengis Khan a été influencé par la culture et les traditions nomades des steppes mongoles. Il a acquis de précieuses compétences en matière de leadership et de stratégie au cours de sa jeunesse et a été témoin des conflits et des rivalités entre les tribus. Ces expériences l'ont amené à chercher à unifier les tribus mongoles sous sa direction.

Contributions et réalisations qui ont eu un impact sur le monde :

Gengis Khan a mené une série de campagnes militaires réussies qui ont abouti à la création du vaste empire mongol. Son armée était connue pour sa rapidité, son organisation et ses tactiques innovantes. L'empire établi sous sa direction est devenu l'un des plus grands de l'histoire, et son héritage a traversé les siècles.

Héritage et impact durable :

L'héritage de Gengis Khan est complexe. D'une part, son empire a favorisé le commerce, la communication et les échanges culturels en Eurasie. En outre, il a mis en œuvre des politiques qui ont favorisé la paix et la stabilité dans les régions conquises. Cependant, on lui attribue également la destruction et la violence associées aux conquêtes de l'empire mongol.

Sur le plan culturel, l'empire de Gengis Khan a contribué à la diffusion de la culture mongole et à la promotion des échanges culturels par le biais des routes commerciales. En outre, son impact militaire et politique a jeté les bases des empires ultérieurs en Eurasie.

Il est important de garder à l'esprit que les conquêtes de Gengis Khan ont eu un coût humain important et ont causé la dévastation de nombreuses régions. Cependant, son leadership et son héritage ont laissé une marque durable sur l'histoire du monde et sur la façon dont les cultures ont interagi et se sont développées en Eurasie.

Nikola Tesla

Inventeur, ingénieur électricien et scientifique d'origine serbe, il a vécu au XIXe siècle et au début du XXe siècle.

Contexte historique et biographie :

Nikola Tesla est né le 10 juillet 1856 dans l'Empire autrichien, qui correspond aujourd'hui à la Croatie moderne. Au cours de sa vie, il a été le témoin d'importantes avancées scientifiques et technologiques, telles que l'invention de l'électricité et l'expansion de l'industrie électrique.

Vie intime et faits amusants :

Tesla a consacré une grande partie de sa vie au travail et à la recherche scientifique, si bien que l'on sait peu de choses sur sa vie privée. Il n'existe aucune trace d'une femme ou d'une vie amoureuse importante. Tesla semble avoir mené une vie austère, centrée sur son travail.

Influences et expériences clés dans sa vie :

Tesla a été influencé par les inventeurs et les scientifiques de son époque, tels que Thomas Edison et Heinrich Hertz. Il a également reçu une vaste formation scientifique et technique, ce qui lui a permis d'explorer divers domaines scientifiques et de développer sa propre approche innovante de l'électricité.

Contributions et réalisations qui ont eu un impact sur le monde :

Tesla est connu pour ses nombreuses contributions et inventions dans le domaine de l'électricité et de l'ingénierie électrique. Parmi ses réalisations les plus remarquables figurent le développement du courant alternatif (CA), l'invention du moteur à induction CA et la construction de la première centrale hydroélectrique aux chutes du Niagara. Ses inventions ont jeté les bases du développement des systèmes de production et de distribution d'électricité à grande échelle.

Héritage et impact durable :

L'héritage de Tesla est important dans le domaine de la science et de la technologie. Ses contributions à l'électricité et à l'ingénierie électrique ont révolutionné la manière dont l'énergie électrique était produite et transmise, et ont jeté les bases du développement de la société industrielle moderne. L'importance qu'il a accordée au courant alternatif a été fondamentale dans le domaine de la transmission de l'énergie électrique sur de longues distances.

Bien que Tesla n'ait pas connu de son vivant la reconnaissance et le succès financier qu'ont connu d'autres inventeurs de son époque, son héritage a été reconnu et valorisé au cours des décennies qui ont suivi sa mort. Son nom est associé au génie scientifique et ses travaux continuent d'inspirer les scientifiques, les inventeurs et les technologues du monde entier. Le prix international d'ingénierie électrique, le "Nikola Tesla Award", a été créé en son honneur, et son nom reste synonyme d'innovation et de progrès dans l'industrie électrique.

Bill Gates

William Henry Gates III, dont le nom complet est William Henry Gates III, est un entrepreneur, philanthrope et magnat des affaires américain. Vous trouverez ci-dessous des informations sur son parcours historique et sa biographie, les principales influences qui ont marqué sa vie, ses contributions et ses réalisations, ainsi que son héritage et son impact durable. Toutefois, veuillez noter que les informations sur sa vie privée peuvent être limitées en raison du respect de la vie privée de l'individu :

Contexte historique et biographie :

Bill Gates est né le 28 octobre 1955 à Seattle, dans l'État de Washington, aux États-Unis. Il grandit dans une famille de la classe moyenne et s'intéresse très tôt à la technologie et aux ordinateurs. Il fréquente l'université de Harvard, où il rencontre Paul Allen, avec qui il cofondera plus tard Microsoft.

Vie intime :

Bill Gates a épousé Melinda French en 1994. Ils ont eu trois enfants ensemble. Cependant, en mai 2021, ils ont annoncé leur divorce après 27 ans de mariage.

Influences et expériences clés dans sa vie :

Dès son plus jeune âge, Gates a été influencé par sa passion pour la technologie et la programmation. Sa rencontre avec Paul Allen à l'université de Harvard a été déterminante pour sa collaboration ultérieure à la création de Microsoft. Gates a également été influencé par sa relation avec sa mère, qui l'a encouragé à suivre ses intérêts et à poursuivre ses rêves.

Contributions et réalisations qui ont eu un impact sur le monde :

Bill Gates est surtout connu comme l'un des fondateurs de Microsoft, l'une des sociétés de logiciels les plus influentes au monde. Sous sa direction, Microsoft a développé le système d'exploitation Windows, qui est devenu l'une des plateformes les plus utilisées pour les ordinateurs personnels. M. Gates a également apporté une contribution importante à la philanthropie par l'intermédiaire de la Fondation Bill et Melinda Gates, qui se consacre à des problèmes mondiaux tels que la pauvreté, la santé et l'éducation.

L'héritage de Bill Gates est important dans l'industrie technologique et dans le domaine de la philanthropie. Sa vision entrepreneuriale et son leadership au sein de Microsoft ont contribué à l'avancement de l'informatique personnelle et ont jeté les bases du développement de l'industrie technologique moderne. En outre, son action philanthropique a eu un impact mondial sur l'amélioration de la santé, de l'éducation et des conditions de vie des personnes les plus démunies.

Bill Gates est reconnu comme l'un des entrepreneurs les plus prospères et l'un des philanthropes les plus influents au monde. Son souci d'utiliser la technologie et les ressources pour relever les défis mondiaux a laissé un héritage durable et continue d'inspirer d'autres chefs d'entreprise et philanthropes à suivre son exemple.

Platon

De son vrai nom Aristocle, ce philosophe grec est né vers 427 avant J.-C. à Athènes, en Grèce. Il est considéré comme l'un des penseurs les plus influents de l'histoire occidentale et l'un des disciples les plus éminents de Socrate.

On ne connaît pas beaucoup de détails spécifiques sur la vie intime et les relations personnelles de Platon, car les informations historiques disponibles se concentrent principalement sur ses enseignements et ses écrits philosophiques.

Parmi les faits curieux concernant Platon, citons son implication dans la guerre du Péloponnèse et sa relation étroite avec Socrate, qu'il considérait comme son maître et dont la mort a eu un impact important sur sa vie et sa philosophie.

Influences et expériences clés dans sa vie :

L'influence principale dans la vie de Platon a été son professeur Socrate, dont les méthodes philosophiques et l'approche de la recherche de la vérité ont eu un impact profond sur sa pensée. Un autre aspect important de sa vie a été son voyage en Égypte, où l'on pense qu'il est entré en contact avec les enseignements des prêtres égyptiens et s'est familiarisé avec la philosophie et les sciences de cette culture.

Contributions et réalisations qui ont eu un impact sur le monde :

Platon a fondé l'Académie d'Athènes, l'une des plus importantes institutions éducatives de l'Antiquité, où de nombreux philosophes et penseurs de premier plan ont été formés. Ses dialogues philosophiques, écrits sous la forme de conversations entre personnages, explorent un large éventail de sujets, dont l'éthique, la politique, la métaphysique et l'épistémologie. Son œuvre la plus célèbre est "La République", où il présente sa vision idéale d'un État juste et la théorie des Idées.

Héritage et impact durable :

L'héritage de Platon réside dans son approche philosophique et sa contribution au développement de la pensée occidentale. Ses idées sur la réalité, la moralité et la justice ont exercé une influence durable sur la philosophie, la politique, la théologie et d'autres disciplines. En outre, sa méthode de dialogue et sa recherche de la vérité ont été une source d'inspiration pour des générations de penseurs et d'érudits.

Platon a également jeté les bases de l'étude systématique de la philosophie, en établissant l'importance de la raison et de l'analyse critique. Son œuvre a influencé de nombreux philosophes et penseurs tout au long de l'histoire, et son impact se prolonge jusqu'à aujourd'hui.

William Shakespeare

Considéré comme l'un des écrivains les plus influents de la littérature mondiale, il a vécu aux XVIe et XVIIe siècles, pendant la période connue sous le nom de Renaissance anglaise. Il est né à Stratford-upon-Avon, en Angleterre, en avril 1564 et est mort le 23 avril 1616.

En ce qui concerne sa vie privée, Shakespeare a épousé Anne Hathaway en 1582 et ils ont eu trois enfants ensemble. On ne connaît pas beaucoup de détails intimes sur sa vie, car les informations disponibles sont limitées. Quant à son orientation sexuelle, il n'y a pas de documents concluants indiquant sa préférence sexuelle.

Un fait curieux à propos de Shakespeare est qu'on lui attribue des pièces de différents genres, comme des tragédies, des comédies, des pièces historiques et des sonnets. En outre, on pense qu'il a contribué à l'enrichissement du vocabulaire anglais, puisqu'on lui attribue la création de nouveaux mots et expressions.

Les principales influences et expériences de la vie de Shakespeare font l'objet de spéculations, car aucune biographie détaillée n'est disponible. On pense toutefois qu'il a pu avoir accès à une éducation de base dans sa jeunesse et qu'il a pu se rendre à Londres pour s'impliquer dans le monde du théâtre et de l'écriture.

Les contributions et les réalisations de Shakespeare dans le domaine de la littérature et du théâtre sont énormes. Il est l'auteur de pièces emblématiques telles que "Roméo et Juliette", "Hamlet", "Macbeth" et "Le Roi Lear", entre autres. Ses pièces ont été traduites dans de nombreuses langues et sont toujours jouées dans les théâtres du monde entier. Shakespeare a révolutionné le théâtre de son époque en introduisant des personnages complexes, des intrigues élaborées et un langage poétique.

L'héritage et l'impact durable de Shakespeare sont indéniables. Ses pièces continuent d'être étudiées et jouées aujourd'hui, et son influence sur la littérature, le théâtre et la culture est incalculable. Ses personnages, tels que Roméo, Juliette, Hamlet et Lady Macbeth, sont devenus des archétypes et des figures emblématiques de l'histoire du théâtre. Shakespeare est considéré comme l'un des plus brillants esprits littéraires de tous les temps et son héritage fait partie intégrante de la culture occidentale.

Alexander Graham Bell

Né le 3 mars 1847 à Édimbourg, en Écosse, et mort le 2 août 1922 à Baddeck, en Nouvelle-Écosse, il était un scientifique, un inventeur et un éducateur surtout connu pour avoir inventé le téléphone.

En ce qui concerne sa vie privée, Bell a épousé Mabel Hubbard en 1877, avec qui il a eu quatre enfants. Quant à sa vie intime, on ne dispose pas de beaucoup de détails sur sa vie sexuelle, car elle n'est pas largement documentée.

Un fait curieux à propos de Bell est que, outre son invention du téléphone, il a également été impliqué dans d'autres domaines, tels que la phonétique et l'aviation. Membre fondateur de la National Geographic Society en 1888, il a joué un rôle clé dans le développement de l'aviation, en travaillant à la conception d'avions et à l'amélioration des moteurs aéronautiques.

Parmi les influences et les expériences clés de la vie d'Alexander Graham Bell, citons son intérêt pour la communication et le son dès son plus jeune âge, ainsi que ses travaux sur la parole et la surdité. Sa mère et sa femme, toutes deux sourdes, ont influencé sa volonté d'inventer des appareils destinés à aider les malentendants.

La réalisation la plus remarquable de Bell a été l'invention du téléphone, brevetée en 1876. Son travail a révolutionné la communication à longue distance, en rendant possible la transmission de la voix humaine sur des fils. Cette invention a eu un impact considérable sur le monde, transformant la façon dont les gens communiquaient et ouvrant de nouvelles possibilités pour le commerce, l'éducation et les relations sociales.

L'héritage d'Alexander Graham Bell est indéniable. Outre le téléphone, ses contributions comprennent également des avancées dans des domaines tels que la télégraphie, l'aviation, l'éducation des malentendants et la technologie du son. Son travail a jeté les bases du développement des communications modernes et son influence sur la technologie et la société perdure encore aujourd'hui.

Joseph Staline

(1878-1953) était un homme politique et un dirigeant soviétique qui a dirigé l'Union soviétique d'une main de fer pendant la majeure partie du XXe siècle.

Contexte historique :

Staline a vécu à une époque marquée par des événements historiques importants, tels que la révolution russe de 1917 et la Seconde Guerre mondiale. Il est né le 18 décembre 1878 à Gori, en Géorgie, qui faisait alors partie de l'Empire russe. Sa vie et sa carrière politique se sont déroulées pendant une période d'intense agitation sociale et politique en Russie.

Biographie :

Staline est né Iosif Vissarionovich Dzhugashvili. Il a rejoint le parti communiste de l'Union soviétique et est devenu l'un des principaux dirigeants du parti. Staline a exercé un contrôle autoritaire et totalitaire sur le pays pendant son mandat de secrétaire général du parti, puis de dirigeant de l'Union soviétique.

Vie intime :

Staline a été marié deux fois. Sa première femme, Ekaterina Svanidze, meurt en 1907. Il épouse ensuite Nadezhda Alliluyeva, avec laquelle il a deux enfants. Cependant, leur relation conjugale était tendue et Nadezhda s'est suicidée en 1932. On sait peu de choses sur la vie intime de Staline, qui était un personnage très discret et dont la vie privée était très surveillée.

Faits amusants :

Staline a adopté le nom de famille "Stalin", qui signifie "homme d'acier", comme nom révolutionnaire.

Il était connu pour sa personnalité impitoyable et sa capacité à éliminer ses opposants politiques par des purges et des exécutions.

Staline était un grand fumeur et on le voyait souvent avec une cigarette à la main.

Il était fasciné par le cinéma et appréciait les films hollywoodiens.

Principales influences et expériences :

Staline a été influencé par la pensée marxiste-léniniste, ainsi que par la révolution d'octobre 1917, dans laquelle il a joué un rôle important. En outre, son séjour en prison et sa participation à des activités révolutionnaires ont contribué à sa formation politique et à sa détermination à parvenir au pouvoir.

Contributions et réalisations :

Il a consolidé son pouvoir et instauré un régime totalitaire en Union soviétique.

Il a mis en œuvre des politiques de collectivisation agraire qui ont conduit à l'élimination des exploitations privées et à la formation d'exploitations collectives.

Il a dirigé l'industrialisation accélérée de l'Union soviétique, transformant le pays en une puissance industrielle.

Elle a joué un rôle clé dans la victoire de l'Union soviétique lors de la Seconde Guerre mondiale et dans l'expansion du territoire soviétique.

Cléopâtre

(69 av. J.-C. - 30 av. J.-C.) était une reine d'origine égyptienne qui a régné sur l'Égypte ancienne et a joué un rôle crucial dans les événements de l'époque. Vous trouverez ci-dessous des informations pertinentes sur son contexte historique, sa biographie, sa vie personnelle, ses influences, ses contributions et son héritage :

Contexte historique :

Cléopâtre a vécu pendant la période hellénistique, une époque où l'Égypte était sous l'influence de la culture et de la domination macédonienne et grecque. Sous son règne, l'Égypte était menacée par le puissant Empire romain et était en proie à des luttes internes pour le contrôle du trône.

Biographie :

Cléopâtre est née en 69 avant J.-C. à Alexandrie, en Égypte, et appartenait à la dynastie des Ptolémées, descendant de Ptolémée Ier, l'un des généraux d'Alexandre le Grand. Elle est devenue reine à l'âge de 18 ans et a régné aux côtés de son frère Ptolémée XIII. Tout au long de sa vie, Cléopâtre a entretenu des relations politiques et amoureuses avec d'éminents dirigeants romains tels que Jules César et Marc Antoine.

Vie intime :

Cléopâtre épouse son frère Ptolémée XIII, comme le veut la dynastie ptolémaïque, mais leur relation est tendue et marquée par des luttes de pouvoir. Elle a entretenu une relation de longue durée avec Jules César, avec qui elle a eu un fils nommé Césarion. Après la mort de César, Cléopâtre s'est mise en ménage avec Marc-Antoine, avec qui elle a eu trois enfants. Cléopâtre et Marc-Antoine se suicident en 30 avant J.-C. après leur défaite face à Octave, le futur empereur Auguste.

Faits amusants :

Cléopâtre parlait plusieurs langues, dont l'égyptien, le grec et le latin.

Elle était connue pour sa beauté et sa capacité à séduire les hommes puissants.

On lui attribue l'utilisation de techniques de maquillage et de parfums élaborés pour rehausser son attrait.

Cléopâtre était une politicienne et une diplomate avisée, qui a su utiliser son charme et ses compétences pour conserver le pouvoir dans un contexte politique instable.

Principales influences et expériences :

Cléopâtre a été influencée par la culture grecque et l'héritage d'Alexandre le Grand, ainsi que par les tensions politiques et militaires en Méditerranée orientale. Ses expériences incluent la lutte pour le trône égyptien, les alliances politiques et ses relations avec les dirigeants romains.

Contributions et réalisations :

Cléopâtre était une souveraine intelligente et astucieuse qui a conservé le contrôle du trône égyptien pendant plusieurs décennies, à une époque où l'influence romaine se faisait de plus en plus sentir.

Il a joué un rôle clé dans la politique et la diplomatie de son temps, forgeant des alliances et des traités pour maintenir l'indépendance de l'Égypte.

Ses relations avec des dirigeants romains influents, tels que Jules César et Marc Antoine, lui ont permis d'exercer une influence sur les affaires politiques et militaires dans le monde.

Karl Marx

Philosophe, économiste, sociologue et révolutionnaire allemand, il est surtout connu comme l'auteur du "Manifeste communiste" et de "Das Kapital".

Contexte historique et biographie :

Karl Marx est né le 5 mai 1818 à Trèves, dans l'actuelle Allemagne. Il a vécu à une époque de changements et de bouleversements sociaux, marquée par la révolution industrielle et l'essor du capitalisme. Marx s'est intéressé très tôt à la philosophie, à la politique et à l'économie, et est devenu un critique féroce du système capitaliste et un défenseur du socialisme.

Épouse et vie intime :

Marx a épousé Jenny von Westphalen en 1843 et ils ont eu sept enfants ensemble. Jenny était une compagne loyale et soutenait activement le travail intellectuel de Marx. Bien que la famille Marx ait été confrontée à des difficultés économiques pendant une grande partie de sa vie, Jenny a été une présence constante et un soutien pour Karl.

Faits amusants :

Marx a vécu une grande partie de sa vie en exil en raison de ses activités politiques. Il a passé plusieurs années à Paris et à Bruxelles avant de s'installer à Londres, où il a vécu jusqu'à sa mort en 1883. Au cours de sa vie, Marx a connu des difficultés financières et s'est fortement appuyé sur le soutien financier de son ami et collaborateur, Friedrich Engels.

Influences et expériences clés dans sa vie :

Les idées de Marx ont été influencées par des philosophes tels que Georg Wilhelm Friedrich Hegel et Ludwig Feuerbach, ainsi que par les mouvements ouvriers et socialistes de son époque. Il s'est également intéressé à l'étude du matérialisme historique et de l'économie politique, ce qui a influencé son approche critique du capitalisme et sa vision d'une société communiste.

Contributions et réalisations qui ont eu un impact sur le monde :

Marx est connu pour sa théorie du matérialisme historique et son analyse critique du capitalisme. Ses ouvrages, tels que le "Manifeste communiste" et le "Capital", ont influencé la pensée politique et économique et ont joué un rôle fondamental dans le développement du mouvement communiste et socialiste dans le monde entier.

Héritage et impact durable :

L'héritage de Marx a eu un impact profond sur la politique, l'économie et la société en général. Ses idées ont influencé de nombreux mouvements sociaux et politiques tout au long du XXe siècle et continuent de faire l'objet d'études et de débats aujourd'hui. Le marxisme et le socialisme scientifique basés sur ses idées ont eu un impact durable sur différents pays et sur la lutte pour la justice sociale, l'égalité et l'émancipation des travailleurs.

Comme je l'ai mentionné précédemment, l'héritage de Marx a fait l'objet d'interprétations et de critiques au fil du temps. Certains critiques affirment que ses idées ont conduit à des régimes totalitaires et répressifs au XXe siècle, tandis que d'autres défendent sa vision de l'égalité sociale et sa critique du système capitaliste.

Malgré des interprétations diverses, l'impact de Marx sur la théorie politique et économique est indéniable. Ses analyses des contradictions inhérentes au capitalisme, telles que l'exploitation des travailleurs et les inégalités sociales, ont donné lieu à d'importants débats et ont influencé l'évolution de l'économie et des politiques sociales dans de nombreux pays.

En outre, l'approche marxiste a influencé la sociologie, l'anthropologie et d'autres domaines des sciences sociales, aidant à comprendre la dynamique sociale, les relations de pouvoir et les structures économiques. Ses contributions théoriques ont été étudiées et critiquées par les chercheurs et ont inspiré les mouvements ouvriers, les syndicats et les luttes pour la justice sociale dans le monde entier. En bref, Karl Marx a laissé un héritage intellectuel et politique qui a eu un impact profond sur la théorie économique, politique et sociale.

Nicolas Copernic

(1473-1543) est un astronome et mathématicien polonais qui a formulé la théorie héliocentrique du système solaire, qui a révolutionné notre compréhension de l'univers.

Contexte historique :

Copernic a vécu à l'époque de la Renaissance, une période de grandes avancées scientifiques et culturelles. Il est né le 19 février 1473 à Thorn, en Prusse, qui faisait alors partie du royaume de Pologne. Ses travaux s'inscrivent dans une période de transition entre la conception géocentrique traditionnelle de l'univers et la révolution scientifique à venir.

Biographie :

Copernic a étudié les mathématiques et l'astronomie aux universités de Cracovie, de Bologne et de Padoue. Tout au long de sa vie, il a travaillé comme ecclésiastique, médecin et administrateur de domaines ecclésiastiques. Il a passé la majeure partie de sa vie dans la ville de Frombork, en Pologne, où il a mené ses recherches astronomiques.

Vie intime :

On ne sait pas grand-chose de la vie privée de Copernic, qui était un homme discret. Il ne s'est pas marié et n'a pas eu d'enfants. En tant qu'ecclésiastique catholique, il s'est engagé à rester célibataire.

Faits amusants :

Copernic était polyglotte et parlait plusieurs langues, dont le polonais, le latin, l'allemand, l'italien et le grec.

Outre ses contributions à l'astronomie, il a également étudié la médecine, l'économie et la théologie. Copernic était un musicien doué et jouait de l'orgue.

Principales influences et expériences :

Les principales influences sur la vie de Copernic ont été les travaux des astronomes grecs de l'Antiquité, tels qu'Aristarque de Samos, ainsi que les développements scientifiques et les discussions savantes de son époque. Les observations astronomiques de Copernic et son intérêt pour la résolution de problèmes mathématiques et astronomiques clés ont été fondamentaux pour l'élaboration de sa théorie héliocentrique.

Contributions et réalisations :

La principale contribution de Copernic a été la formulation et la publication de la théorie héliocentrique, qui postule que la Terre tourne autour du Soleil et n'est pas le centre de l'univers. Son œuvre la plus célèbre, "De revolutionibus orbium coelestium" ("Sur les révolutions des sphères célestes"), a été publiée en 1543, peu avant sa mort.

Sa théorie remet en cause la vision géocentrique de l'univers et jette les bases de l'astronomie moderne en proposant un modèle mathématique plus précis et plus cohérent.

Copernic a mis au point des méthodes et des techniques mathématiques innovantes pour calculer la position et le mouvement des planètes, jetant ainsi les bases du développement ultérieur du calcul et de la mécanique céleste.

Christophe Colomb

Son nom complet est Cristoforo Colombo, un navigateur et explorateur génois surtout connu pour son voyage transatlantique en 1492, qui a abouti à la découverte de l'Amérique par l'Europe.

Contexte historique :

Christophe Colomb a vécu pendant la Renaissance, une période de grandes avancées intellectuelles et de découvertes scientifiques en Europe.

Le contexte historique est marqué par l'expansion maritime et la volonté de trouver de nouvelles routes commerciales vers l'Asie.

Biographie :

Christophe Colomb est né à Gênes, en Italie, vers 1451. Il appartenait à une famille de marchands.

Il a commencé sa carrière en tant que marin et a acquis de l'expérience dans le domaine de la navigation et du commerce maritime.

Convaincu qu'il peut atteindre l'Asie en naviguant vers l'ouest, il cherche un soutien financier pour son expédition et obtient finalement l'appui des Rois Catholiques d'Espagne.

En 1492, il entreprend son premier voyage transatlantique et atteint les îles Bahamas, croyant avoir atteint l'Asie.

Il fait encore plusieurs voyages en Amérique, mais ne se rend pas compte qu'il a découvert un tout nouveau continent.

Femme, vie intime et faits amusants :

Culón a épousé Filipa Moniz Perestrelo en 1479, et ils ont eu un fils nommé Diego.

On ne connaît pas beaucoup de détails sur sa vie intime ou ses aspects personnels au-delà de sa carrière d'explorateur, mais on dit qu'il avait la dent sucrée aux Amériques, forniquant avec les indigènes.

Un fait curieux est que Christophe Colomb a emporté avec lui lors de ses voyages un livre intitulé "Imago Mundi", écrit par le géographe Pierre d'Ailly, qui a influencé ses croyances sur la forme et la taille de la Terre.

Contributions et réalisations :

La principale réalisation de Christophe Colomb a été la découverte de l'Amérique, qui a eu un impact significatif sur l'histoire mondiale en ouvrant une nouvelle voie vers le continent américain.

Bien qu'il ait d'abord cru avoir atteint l'Asie, sa découverte a ouvert la voie à la poursuite de l'exploration et de la colonisation des Amériques par les Européens.

Colomb a également contribué aux connaissances géographiques et cartographiques de l'époque, bien que ses idées sur la forme de la Terre se soient révélées erronées.

Héritage et impact durable :

L'héritage de Christophe Colomb est complexe et controversé. S'il est reconnu comme un explorateur hors pair, il est également critiqué pour les conséquences négatives du colonialisme et l'impact sur les populations indigènes des Amériques.

La découverte de l'Amérique par Christophe Colomb a marqué le début de l'ère des découvertes et a changé l'histoire du monde en établissant un contact durable entre l'Europe et l'Amérique.

Colomb est devenu un symbole et une figure de proue de l'histoire de l'Espagne et une icône de l'exploration et de la découverte en général.